Joséphin Péladan

La dernière leçon
de Léonard de Vinci

Copyright © 2022 by Culturea
Édition : Culturea 34980 (Hérault)
Impression : BOD - In de Tarpen 42, Norderstedt (Allemagne)
ISBN : 9782385080877
Dépôt légal : août 2022
Tous droits réservés pour tous pays

PRÉFACE

La dévotion aux maîtres est un culte de dulie, comme celui rendu aux saints. On les honore pour leur bel exemple ; on les invoque pour obtenir les mêmes grâces dont ils ont brillé : l'étude est la suprême prière.

Dans l'anarchie d'une époque où Gustave Moreau et Manet sont admirés simultanément, les fidèles cherchent au ciel de l'art un apotropéen. Aucun saint ne vaincrait l'incohérence victorieuse ; il faut un des archanges : Léonard, Raphaël ou Michel-Ange ; triangle prodigieux qui enferme en trois noms l'excellence, la sublimité et l'incomparabilité !

Ni la sereine harmonie des Chambres, ni l'énergie titanesque de la Sixtine ne correspondent à l'inquiétude spirituelle et à l'inertie de notre génération. Seul, par le rayonnement de sa subtilité, Léonard éveille notre réceptivité. Il sera le maître de demain, s'il y a place pour un maître chez les hypertrophiés de l'individualisme.

Le mouvement rationaliste a élu Léonard, sur la foi de ses manuscrits qui témoignent d'une méthode expérimentale et d'un criticisme tout moderne.

A ce suffrage de la libre pensée s'ajoute celui du mysticisme. Ayant rencontré une religieuse à l'instant où s'interrompait sa clôture, je lui présentai le Jugement dernier de Michel-Ange, la Dispute du Saint-Sacrement et la Cène, et lui demandai son sentiment. Sans hésiter, elle dit du premier : « Ceci est selon saint Mathieu », du second : « Cela est selon saint Luc », du dernier : « l'autre est selon saint Jean. » Je la priai de développer sa pensée, elle réfléchit un peu et répondit : « Le Jugement a été inspiré par Dieu le Père et cette assemblée par Dieu le Fils : pour la Cène j'y vois l'influence du Saint-Esprit. » Elle ajouta : « Ces paupières baissées cachent plus de divinité qu'aucun œil n'en montrerait. »

En face d'un Léonard, l'admiration abandonne ses superlatifs et s'efforce à caractériser plutôt qu'à louer. L'analyse, difficile en soi, se complique de timidité : il semble qu'on doive se courber devant un homme si supérieur à l'humanité, et qu'il y ait effronterie à le regarder en critique. Il le faut cependant, pour le magnifier et convier autrui au saint mystère de son génie.

Par la recherche de la forme androgyne, par l'application du modelé à l'expression intellective, par le clair-obscur préféré à l'éclat coloriste, le Vinci apparaît, pour les croyants, le peintre du Saint-Esprit, pour les autres, le peintre de l'Esprit. On réunirait malaisément d'autres traits, en une phrase : cependant, ceux-là ne sont point admis, sans d'étranges restrictions.

Le grand historien des Origines de la France contemporaine a écrit : « Confondant et multipliant la beauté des deux sexes, l'une par l'autre, Léonard se perd dans les recherches et les rêveries des âges de décadence et d'immoralité. » Ne croirait-on pas entendre Méphistophélès à l'avant-dernière scène du Second Faust ? Le cuistre infernal adresse les mêmes reproches aux anges : « Vous êtes les véritables sorciers, car vous séduisez hommes et femmes. » Omnia immunda immundis : munda mundis. Tout est impur aux impurs, et pur pour les purs.

Sans remonter plus haut que l'art grec, nous savons que le fameux canon de Polyclète était androgyne. Aux voûtes d'Assise, sous le pinceau de Giotto ; au Campo Santo, sous celui d'Orcagna ; à la chapelle Riccardi, comme au Couronnement de la Vierge du Louvre, les chastes artistes, Fra Angelico et Benozzo Gozzoli, et, à leur suite, tous les peintres jusqu'au Guide, ont confondu et multiplié la beauté des sexes, l'une par l'autre, pour obtenir une forme angélique. Léonard a suivi, en cela, ses prédécesseurs. Seulement les critiques matérialistes, ayant une vision de l'ange ingénu, presque enfantin, tel que l'imagerie religieuse le représente à Dusseldorf et autour de Saint-Sulpice, refusent le caractère céleste à ces êtres surnaturels qui regardent et sourient à la manière des sphinx.

Un poète a dit de l'androgyne :

> Sexe de Jeanne d'Arc et sexe du miracle
> Sexe qui nie le sexe, sexe d'éternité !

En effet, la concupiscence passe à côté de cette forme, sans la voir. Cette beauté irréelle, inventée par l'intelligence pour rendre visible un esprit, ne réside que dans la tête et le profil drapé. Michel-Ange seul a osé des anges nus qui ne sont que des athlètes et tourbillonnent dans le Jugement dernier autour des instruments de la Passion, en se les disputant. Aucune nudité peinte authentique de Léonard ne nous est parvenue. On peut toutefois se figurer un corps androgyne d'après le Saint-Sébastien du Sodoma, aux Uffizi, ou celui de Sainte Conversation, de Beltraffio, au Louvre.

Venons au modelé, qui est la question majeure et du plus utile enseignement. Windsor, comme le Louvre, possède des têtes juvéniles à tous les états d'exécution. Les profils simplement délinéés et sans ombre ne présentent pas le caractère léonardien. Il ne paraît qu'au travail de taille, de gouache ou d'estompe qui arrondit la joue, creuse l'arcade sourcilière et se complique aux coins des yeux, aux commissures des lèvres. Si le maître du Cenacolo avait reproduit un effet de lumière, un éclairage extérieur, artificiel ou de plein air, comme font les peintres actuels, ses dessins ne vaudraient pas mieux, malgré la nervosité du galbe, que ceux de Raphaël ou de Luini. Il a modelé du dedans au dehors, c'est-à-dire, il a employé les pleins et les vides à signifier des intériorités, des repoussés psychiques. « Un bon peintre doit représenter l'homme et les pensées de son âme par les mouvements de ses membres. » Ainsi enseigne le Traité de peinture. Mais la Joconde est au repos, la Belle Ferronnière n'est qu'un regard : le geste du Bacchus comme celui du Saint-Jean déconcertent le contemplateur. Sauf devant la Cène, devant la Bataille et le carton de l'Adoration, trois œuvres concrétisées par la précision du sujet, ni le savant, ni l'ingénu ne diffèrent d'impression ; ils éprouvent le même trouble musical. Ici, l'art du peintre a voulu et réalisé le caractère propre à l'harmonie : l'indéfini. Aux dessins très poussés de Madones ou d'androgynes, la mélodie des visages s'entend « avec l'oreille de l'esprit », dirait Hamlet. Ce sont bien les pensées et non les passions de l'homme que nous essayons de déchiffrer dans ces sourires indicibles, dans, ces regards qui vrillent nos yeux d'un défi tranquille. Il y a, parmi les cinq mille pages de Léonard, beaucoup de têtes d'expression, de caricatures, même de déformations et de grimaces pour japonisants et « primatisants », mais ces laideurs analytiques ne montrent que des dessous de métier, curieux pour surprendre les procédés du maître.

Les belles têtes, si différentes soient-elles, s'apparentent par la subtilité sereine ; elles n'aiment ni ne haïssent ; elles n'espèrent ni ne s'attristent ; elles pensent, comme les têtes grecques, avec mélancolie parfois, avec une grave paix souvent. Un nimbe de silence les entoure ; ces yeux chimériques ne changeront jamais d'expression ; ces lèvres de volupté ne s'entr'ouvriront pas. On peut les blasonner en proses lyriques et satisfaire des lecteurs : on ne se satisfait jamais soi-même, si on a vécu, par les fac-similés, en véritable intimité avec ces esprits. Plus soucieux d'éclairer le problème que d'inventer une version, j'insiste sur la cérébralité pure du type léonardien, aussi harmonieux que l'antique, plus complexe que la modernité. Le Vinci dans le dessin des têtes est sans rival ; auprès de lui Raphaël paraît un écolier et Michel-Ange ne l'égale que par la force. Il y a cent têtes, au moins, dispersées dans les grandes collections, tellement surhumaines d'exécution et d'identité qu'une seule suffirait, même la Joconde et le Saint-Jean perdus, à contre-balancer la Sixtine et les Chambres et à conserver au Vinci une des trois couronnes impériales de l'art.

Il existe un crayon de Raphaël d'après la Joconde, et le fragment de la Bataille ne nous est parvenu qu'à travers le dessin de Rubens ; les deux copies dénaturent ce qu'elles veulent reproduire ; le dessin du Sanzio, bénin et tranquille, éteint la subtilité agressive du modèle, et chez le Flamand le contour s'engraisse et se bestialise.

Un lieu commun de la critique attribue à Rembrandt l'invention du clair-obscur. Or, un siècle avant le fils du meunier, Léonard peignit le Précurseur du Louvre qui présente ce procédé complet et incomparablement applique à la signification idéale.

Le clair-obscur correspond au mode mineur : il permet littéralement de réaliser le miracle, en noyant d'ombre la réalité ambiante. Dans la Cuisine des Anges de Murillo, où circule une lumière diffuse, aucun effet surnaturel ne jaillit, tandis que l'ange de Tobie disparaît, en emportant la clarté. Le Bacchus assis, que le Vinci a dessiné et qu'un élève a peint, n'irradie point d'au-delà ; autour de lui, la nature indépendante de la figure maintient l'œuvre sur le plan réalistique. Au contraire, le Précurseur jaillit de la pénombre, en vision ; et le mystère comme une onde baigne ses lèvres et son geste prestigieux.

Ainsi l'originalité du Vinci s'analyse : il a retrouvé le canon de la beauté grecque et accompli l'idéal angélique du moyen âge ; il a créé le modelé intellectif si différent du pathétique ; et par l'invention du clair-obscur, il atteignit le point musical de la peinture et l'indéfini d'expression. Il fut le premier en ces trois voies convergentes, il est resté l'unique.

Il l'aurait emporté, même sur l'École d'Athènes, même sur la Sixtine, en consacrant à la seule peinture une vie gaspillée à des métiers d'ingénieur, à des inventions industrielles, aux fantaisies encyclopédiques que révèlent ses manuscrits. Sa vie constitue le commentaire indispensable de son œuvre : en l'étudiant, on s'explique un peu ce génie trop complet qui, né pour le sort d'Apelles, voulut y joindre celui d'Aristote.

A l'encontre des théories sur l'hérédité, Léonard est le fils naturel d'une paysanne et d'un notaire. L'année même de sa naissance, sa mère épousait un cultivateur et son père se chargeait de lui. Il dut plaire à ses marâtres, les deux femmes légitimes de Ser Piero, jusqu'au jour où une troisième épouse eut des enfants. Ainsi, il ne connut pas sa vraie mère et quitta le foyer, vers vingt-trois ans.

Il entra à l'atelier du Verrochio, le sculpteur du Colleone qui était surtout orfèvre, et se révéla en peignant un des deux anges dans le Baptême du Christ, de son maître. Ce tableau se voit à l'Académie de Florence et y suscite l'étonnement des ignares eux-mêmes. A côté d'un jeune Florentin sans grâce ni beauté, rayonne un ange, frère de celui de la Vierge aux rochers. La figure de l'orfèvre, d'un dessin aride, ne représente qu'un enfant de chœur ; celle de Léonard paraît céleste. Ce regard si profond, ce sourire chargé de réticences, cette plastique androgyne, nul ne les a rencontrés dans la réalité. Comment traduire l'idée de perspective appliquée à l'âme et par quelle image rendre l'horizon spirituel ? À perte de vue, se dit d'un panorama immense ; chez le Vinci l'expression s'étend à perte d'esprit. L'illimité est sa marque et elle différencie ses moindres croquis de toute œuvre rivale, comme l'ange dans le Baptême du Verrochio apparaît si étranger à son compagnon.

Parmi les œuvres de jeunesse on conteste à tort la Méduse des Uffizi et on admet le gradino du Louvre, l'Annonciation, pauvre copie du tableau de Florence. On a lu au bas d'une feuille : 1478, j'ai commencé les deux Madones. Nous savons par Vasari qu'il fit un carton pour les Flandres représentant la Tentation d'Adam et d'Ève, en camaïeu, et qu'il dessina un Neptune. Ce qu'on appelle la période florentine du maître nous a laissé trois œuvres certaines, la Madone aux rochers du Louvre, la Madone Litta, de l'Ermitage, au sein nu, merveille de pudeur et de suavité et, surtout, l'Adoration des Mages aux Uffizi, magnifique esquisse, auprès de laquelle la Vierge de Michel-Ange, à la Tribune, semble une vignette. Le contrat passé avec les moines de San Donato donnait trente mois à Léonard pour livrer ce tableau d'autel : nous dirons, à propos des manuscrits, à quel gaspillage intellectuel se complaisait ce peintre. L'admiration tarde encore pour cette composition traitée en sépia et qui égale le Cenacolo, autant que le diapason respectif des thèmes le permet.

La Vierge, assise sous des arbres, tient Jésus qui bénit d'une main et de l'autre va saisir le vase offert. Elle est belle d'intelligence et l'enfant pense déjà, à l'encontre des bambini de Raphaël. Le cercle des adorateurs manifestant toutes les variétés de la foi dépasse la louange et la fige sous la plume. Quelle variété dans l'émotion et quelle unité dans le mouvement animique ! Le fond s'étoffe de ruines, de cavaliers, de portiques et mêle la note pittoresque au pathétique sacré. Celui qui, à trente ans, avait réalisé ce chef d'œuvre ne trouva pas la compréhension qu'il méritait. Beaucoup d'excellents peintres qui livraient aux dates des contrats, vivaient à Florence et l'art du Vinci trop subtil échappait à ses concitoyens. Les affaires communales, les démêlés entre Guelfes et Gibelins n'intéressaient pas ce maître. Que n'a-t-il traité la science comme la politique ? Nous aurions des merveilles et il occuperait seul le premier trône de la peinture. Du moins, il a donné l'exemple de l'indifférence en matière civique ; l'artiste ne doit aimer et servir que son art, les partis n'étant que des passions toujours méchantes. Personne, au reste, n'éprouva plus de répulsion pour la démocratie que ce gentilhomme, qui dessina des monstres par étude, mais qui n'a peint que la suréminente beauté. Lorsque Vasari, élève et fanatique de Michel-Ange, parle du divin Léonard, il ne reproduit pas l'opinion florentine de 1480. Laurent le Magnifique connaît mal le peintre de la Rondache, cependant il lui donne un atelier dans son jardin, comme aux autres bons artistes.

Cela ne suffit pas à un génie aussi puissant et qui se propose tant d'entreprises. La prospérité de l'art dépend de ses protecteurs. S'ils aiment la gloire, s'ils sont convaincus de l'acquérir par les œuvres qu'ils favorisent, alors paraissent les meilleures conditions pour un cycle de beauté. Or, l'Italie de la Renaissance aspirait à l'immortalité et ne l'attendait que de l'esthétique. Ces grands et beaux tigres humains, les condottieri, dont le dernier fut empereur des Français, rachetaient leurs crimes par une passion sublime des chefs-d'œuvre : c'est ici parler le langage ordinaire. Une critique profonde montrerait que la moralité des actuels porte-couronnes ne diffère que par les formes de la scélératesse quattrocentiste.

Léonard, en peine d'un protecteur vers 1483, ne pouvait pas hésiter : le duc de Milan seul convenait à ses vœux. En dix paragraphes d'une lettre fameuse, le Florentin offrit ses services comme ingénieur civil et militaire, et soit qu'il désirât une surintendance du duché, soit qu'il crût nécessaire d'éblouir le More par la multiplicité de ses talents, il ne parle qu'en post-scriptum de son art propre, avec ces termes brefs : « En peinture, je puis faire ce que fait tout autre, quel qu'il soit ! » C'était dire trop peu que de s'égaler à quiconque. Le Vinci tirait-il son plus grand orgueil de son savoir d'ingénieur : aberration inexplicable !

Il avait trente ans lorsqu'il se présenta à la Cour de Sforza : beau comme un dieu, au point que son aspect dissipait la tristesse des plus moroses ; fort comme Hercule, il tordait un battant de cloche avec ses doigts et domptait les chevaux les plus fougueux. Il vint, comme improvisateur et musicien, et il chanta en s'accompagnant sur un luth d'argent à vingt-deux cordes, en forme de tête de cheval, qu'il avait fabriqué. Il séduisit le duc qui, au dire des contemporains, « préférait la conversation du maître à ses œuvres » ! Les manuscrits contiennent des apologues, des facéties, témoins d'une brillante imagination et d'un vrai talent littéraire.

Ni la cour de Versailles, apothéose de la domesticité ; ni la puérilité de Trianon, ni la stupide vulgarité de Compiègne ne ressemblent à l'entourage d'un Ludovic où domine un Bramante, où les individualités s'épanouissent dans un aident désir de la gloire. Fêtes mythologiques, balleries et travestissements, mariage de Jean Galéas avec Isabelle d'Aragon, mariage de Ludovic avec Béatrix d'Este, mariage de Maximilien avec la nièce du More, arrivée de Charles VIII, arrivée de Louis XII, arrivée de François Ier ; toutes ces cérémonies eurent Léonard pour ordonnateur. Il employa beaucoup de temps à ces soins éphémères : mais on se figure trop communément que le génie se substante de lui-même et peut se passer d'impressions. Wagner répondant à Liszt, qui lui reproche d'avoir beaucoup dépensé aux bords des lacs italiens, proteste et proclame que l'artiste a besoin de renouveler ses motifs de sensibilité. Sauf pour un Gustave Moreau, qui vit en contemplatif, la laideur des œuvres actuelles ne reflète-t-elle pas la caricaturale hideur de nos mœurs ? Je n'hésite point à préférer les belles fêtes milanaises aux vaines recherches scientifiques du Vinci : les unes lui ont appris à dégager la beauté humaine de toute gangue et à nous la montrer synthétique, dans cette forme androgyne véritablement céleste ; tandis que ses inventions d'hydraulique et de poliorcétique ne servent qu'à étonner les érudits du XXe siècle.

A part des portraits de femmes, maîtresses du More dont la Ferronnière donne une idée, deux œuvres occupèrent le maître : le Sforza équestre, qui ne fut jamais coulé en bronze et dont la terre périt sous les carreaux des arbalétriers gascons, et le Cenacolo, la chose suprême de la peinture. Pour se figurer la statue, il n'y a qu'à se souvenir du Colleone de Verrochio ; Léonard l'avait égalé sans doute. On conçoit moins qu'il l'ait surpassé.

Pour évoquer la fresque, il faut, évitant la gravure de Morghen, la restituer d'après les copies de l'Ermitage et de Londres, car un véritable maléfice a voué cette merveille aux pires infortunes. D'abord, le maître peignit à l'huile, sur le mur, et, en 1560, elle était déjà lutta rovinata. Un siècle après, les moines coupent les jambes du Christ pour hausser la porte du réfectoire ; à deux reprises, en 1726 et en 1770, on repeint et on racle avec un fer à cheminée ; enfin, les dragons français, avec des briques pour boules, firent là un jeu de massacre. On peut voir au palais des papes d'Avignon les fresques criblées de balles du revolver à tir réduit, et la place blanche des têtes enlevées en notre siècle. Rien ne change, en ce monde, que les formes d'habits ; la barbarie initiale demeure. Chaque fois que Léonard toucha un sujet, il en donna la version définitive et, pour ainsi dire, absolue. Giotto, Castagno, Ghirlandajo et ceux qui vinrent après, le Sarte et le raphaelisant de Saint-Onofrio, prédécesseurs et suivants, disparaissent : il n'y a qu'une Cène, celle de Sainte-Marie des Grâces. Le Christ ici est vraiment la seconde personne de la Sainte Trinité, l'Agneau de Dieu qui s'offre par son geste d'un abandon consenti ; sa paupière abaissée ne laisse pas voir le regard divin. Comment ne pas se souvenir de l'Hercule furieux dressé par Michel-Ange et de l'insuffisante beauté de Jésus dans la partie supérieure de la Dispute ? N'est-ce pas le visage de l'Évangile, aux yeux du fidèle, comme à ceux du critique ? Léonard a fixé l'expression la plus difficile qui ait jamais été proposée à un artiste : l'Homme-Dieu.

Si le lecteur se souvient que j'ai donné pour caractéristique du génie de Léonard la plastique angélique et le modelé intellectif, il trouvera leur réalisation dans la splendeur rayonnante du Galiléen, splendeur faite de silence et de concentration. Le Rédempteur contemple en son âme le mystère de sa propre essence, tandis que les disciples se troublent, s'interrogent, protestent. Ce ne sont pas des pêcheurs de Tibériade ; tous beaux, tous patriciens, porteraient dignement la mitre ou la couronne. Il faut s'arrêter à cet enseignement. Léonard savait qu'il faut toujours faire beau, à tout prix, et que telle est la loi suprême de l'art. Il n'a jamais peint un plébéien, ni un rustre. S'il chercha longtemps, à en croire l'anecdote, le type de son Judas, ce ne fut pas pour tacher de vulgarité et de réalisme sa composition : ses caricatures abondent en visages plus abjects que celui adopté pour le traître. Comment louer les quatre strophes de ce poème, chacune groupant trois personnages et reliées entre elles par des gestes d'un pathétique indicible ? Comment évoquer la perspective de cette salle dont les trois baies s'ouvrent sur la campagne ? La seule forme jaculatoire consiste à répéter l'opinion de Chenavard éditée par Gustave Planche, que le Cenacolo est le chef-d'œuvre de la peinture. J'ajouterai qu'il ne peut être comparé qu'à une seule œuvre : l'École d'Athènes. L'art entier de toutes les écoles reste inférieur à ces deux sommets. Louis XII aurait voulu couper la muraille et emporter la fresque.

On a cru voir en Léonard un grand architecte ; les croquis qui nous restent ne révèlent rien qui diffère du Bramante et du dôme si cher à Burckhardt. 1500 fut une date fatale : Ludovic le More, livré par les Suisses, prenait la route de France pour gémir dix années dans le cachot de Loches : l'année précédente il avait donné au Vinci une vigne de seize perches. A quarante-six ans, le maître doit refaire sa vie. Il passe à Venise, à Mantoue ; il dessine Isabelle d'Este et revient à Florence où il exécute le carton de la Sainte Anne. Isabelle de Gonzague, l'adorable femme qui voulait élever une statue à Virgile, s'efforça, mais en vain, d'attirer Léonard. « Ses études mathématiques l'ont dégoûté de la peinture au point qu'il ne touche plus à un pinceau. » Croyant à la fortune de César Borgia il devient inspecteur des citadelles et lieux forts de la Romagne. Il assiste dans Imola à la révolte des condottieri et dessine d'admirables cartes. La chute du Borgia ramène bientôt le Vinci à Florence ; il accepte de peindre la Bataille d'Anghiari gagnée par les Florentins sur les Milanais, dans la salle du Conseil. Il fait le carton en une année. La paroi opposée de la même salle fut attribuée à Michel-Ange pour y retracer un épisode de la guerre pisane. Jamais deux rivaux pareils ne furent en présence : l'histoire ne mentionne pas un duel de beauté comparable. Le Vinci, possédé de la manie des recettes, prépara un mastic spécial et voulut le sécher en allumant de grands feux : l'enduit rejeta les couleurs dans l'huile qui les liait, malgré les assertions de Pline ! « Le carton de Michel-Ange et celui du Vinci, aussi longtemps qu'ils furent exposés, furent l'école du monde », dit Cellini. D'après la gravure d'Edelinck et celle de Schavionnetti, une comparaison paraît possible. Les soldats surpris au bain permettent au Buonarotti d'étaler la même toute-puissance de rhétorique qui confond le jugement aux pendentifs de la Sixtine ; mais l'épisode de l'étendard atteint une violence unique dans la peinture ; les chevaux se cabrent et mordent plus furieux que leurs cavaliers, et quels chevaux héroïques ! La forme des glaives, celle des casques, le harnachement brille d'une fantaisie farouche et précieuse, et les têtes présentent un caractère à la fois individuel et typique, inconnu à Michel-Ange. Si on songe que trois ans auparavant, la même main, qui précipite ces guerriers les uns contre les autres, caressait d'un pinceau si subtil le sourire de Monna Lisa, et que quelques mois après avoir renoncé à peindre la bataille, cette même main nattait d'une façon si fatidique les cheveux de la Léda, comment ne pas attribuer au Vinci le sceptre de son art, puisqu'il se montre également incomparable dans la force et dans la grâce, et soutient le parallèle simultané avec ses deux compétiteurs, l'Ange des Chambres et l'Archange de la Sixtine. En 1513, le grand maître est à Rome, logé au Belvédère ; il a soixante ans, il est chauve et s'occupe de la frappe des monnaies, de la fabrication des miroirs. Il se heurte à la haine de Michel-Ange, au rayonnement de Raphaël, à l'incompréhension de Léon X. Insigne honneur pour la France ! François Ier entre en Italie, devient duc de Milan et appelle Léonard « mon père » ; il l'emmène en France, lui donne le petit château de Cloux et trente-cinq mille livres de rente ! Admirable trait, car le Vinci bientôt paralysé de la main droite ne fit plus que le Précurseur du Louvre et quelques dessins.

Ce demi-dieu mourut en 1519, à soixante-sept ans, en bon chrétien. Il fut inhumé dans le cloître de Saint Florentin que les protestants rasèrent, et nul ne sait où gît la dernière poussière de ce grand créateur. La postérité honore d'un culte sans cesse grandissant celui que Lomazzo appelait déjà un Hermès et un Prométhée : sa personnalité s'enroule d'une auréole légendaire. On ne trouve dans sa vie ni la Lucrezia d'André del Sarte, ni la Fornarina de Raphaël, ni la Vittoria de Michel-Ange. Son école fut nombreuse et suave ; même en dehors de Luini et de Sodoma, ces adorables maîtres, des milliers d'œuvres reflètent, à divers degrés, sa subtile grâce.

Il y a une vingtaine d'années, les érudits se mirent à déchiffrer méthodiquement les cinq mille pages de ces manuscrits, que le peintre commença à trente-sept ans. On découvrit que le Vinci était un précurseur de Bacon et de Galilée. M. Gabriel Séailles a énuméré et, après lui, M. Muntz, la science prodigieuse, l'encyclopédisme du Maître. Il accumula des matériaux immenses et inutiles. Que nous importe qu'il ait nié l'universalité du déluge, creusé des canaux, bastionné des places, et envisagé le vol des oiseaux au point de vue de la mécanique, au lieu du magnétique qui est le vrai ? Ses peines perdues pour nous le furent aussi pour lui. Raphaël ne savait que la peinture, et le Cenacolo ne demande pas plus de science que l'École d'Athènes. Cette transcendantale curiosité, ce prurit de recherches en tous sens, cette dispersion de l'activité, ce don juanisme de la connaissance qui descend jusqu'aux métiers, représentent le côté passionnel du Vinci ; littéralement, sa débauche. Il choisit pour maîtresse la grande Isis et il voulut baiser les innombrables étoiles de son indéchirable voile. La postérité éblouie et presque hallucinée devant ce génie prismatique s'est mise à déraisonner. Un Allemand a fait mahométan le peintre du Cenacolo ; un autre, malgré son testament et les témoignages, le réclame comme libre penseur ! On demande compte au Vinci d'avoir servi un Sforza, un Borgia, des scélérats ; d'avoir manqué de patriotisme, fêtant l'envahisseur et même de n'avoir pas écrit des phrases émues à la mort de son père ; on admire surtout l'ingénieur, l'inventeur ! La pauvre affaire de suivre Vegèce ou de précéder Vauban, quand d'un trait de crayon on fait descendre le ciel sur la terre. Ce que Léonard a découvert dans les sciences a été retrouvé après lui : ce qu'il a dessiné ne sera jamais égalé. L'Humanité lui doit de pouvoir contempler le mystère sous des traits humains, et de posséder une centaine de têtes que nul n'avait vues, car elles n'existent qu'au paradis.

La photographie qui ne fait point de bons portraits, a pour mission providentielle de sauver les chefs-d'œuvre et de les répandre. Celui qui veut étudier les dessins du Vinci irait vainement aux bibliothèques. Chez Braun, rue Louis-le-Grand, il trouvera les beaux dessins d'Italie et ceux de Windsor admirablement reproduits avec le ton du papier et la couleur du crayon : il n'est pas d'enseignement comparable à cette vue ; et là on trouve le Vinci complet, conservé sans retouches sacrilèges. Car, la fameuse Joconde, si mal encadrée qu'on ne voit pas les colonnettes qui s'élèvent de chaque côté du portrait, a subi un dévernissage qui a enlevé le modelé du visage, les cils et les sourcils. Il serait temps qu'on sût en haut lieu que les glacis superficiels portent les derniers accents du modelé et que si jamais on veut éclaircir le Précurseur on lui enlèvera une couche d'expression.

L'inoubliable matin où j'ai vu l'aurore ranimer la paupière en ruine du grand sphinx et l'escarboucler du mystère même des siècles, je me suis demandé quelle œuvre latine peut témoigner de notre ère et blasonner idéalement le monde chrétien ? Dans mon souvenir, un doigt impérieux se dressa qui montrait le ciel ; une épaule sortit de la nébride mystique, et des yeux aigus comme l'épée des prouesses, humides de pitié comme une parole de Jésus brillèrent, étoiles d'intelligence et de promesse ; et une bouche ineffable, une bouche de verbe et non de volupté, une bouche qui n'a de baiser que son sourire rayonna, seuil d'une âme séraphique, remous d'une vague d'éternité mourant sur le bord humain. Le Précurseur m'apparut l'œuvre testamentaire de ma race, le sphinx chrétien !

L'histoire est pleine de tableaux miraculeux qui s'animèrent devant l'oraison ardente ou, si l'on veut, qui animèrent d'une ardeur imprévue les orants. Le miracle consiste à sentir l'au-delà, à en être touché et béni : qu'importe une vaine explication ! Sauf l'Ermitage, j'ai vu tous les musées et aucune œuvre ne m'a parlé comme le Précurseur. Que le lecteur esthète place devant lui la grande photographie et qu'il croise longtemps son regard avec ce regard formidable et si doux. Dans cette œuvre suprême, peinte à Amboise, le vieux génie a caché son triple secret, plastique, expressif, et technique. Je n'incite pas à une expérience spirite, mais à un rite spirituel. L'œil du Précurseur, c'est celui du Vinci dans sa splendeur essentielle, c'est-à-dire de l'homme qui apporta au monde le spectacle unique de l'omniscience et de la toute-puissance d'expression. Lorsque j'écrivis, en 1880, que la Samothrace était la plus belle statue du Louvre, on haussa les épaules : aujourd'hui c'est le sentiment unanime. Le seul mérite de l'écrivain n'est-il pas de penser en éclaireur et de signaler les ostensoirs à ses frères occupés ailleurs ?

Si le corps humain a sa plus grande beauté dans l'adolescence, et sa synthèse sexuelle dans l'androgyne grec et l'ange chrétien ; si le visage est la plus idéale partie de la plastique, au moins en peinture ; et que les centres d'expression soient les yeux et la bouche ; si l'intelligence, que nul modèle ne donne, représente une difficulté plus grande que la grimace des passions ; enfin, si le rayonnement du mystère et la réverbération de l'infini marquent vraiment les extrémités de la réalisation ; si tout cela ne souffre pas de négations, — le Précurseur, qui n'a pas l'honneur du Salon carré, — est le chef-d'œuvre de Léonard de Vinci, et aussi le plus beau tableau du Louvre et du monde !

AVANT-PROPOS

En sa trentième année, Léonard de Vinci vint à la cour de Ludovic Sforza, et fonda à Milan, la première académie qui ait existé en Italie.

Une gravure authentique du British Muséum qui représente une florentine décolletée vue de profil porte ACHA: LE: V: semble un diplôme ou un projet de diplôme. On possède six dessins d'entrelacs où le cordon franscicain se contourne et se noue à la manière de la calligraphie décorative des Arabes : on y lit : ACADEMIA LEONAR DI VINCI. Ce groupement pouvait comprendre d'abord les disciples-peintres : Luini, peut--être l'adorable Sodoma, Andrea Solario, Marco da Oggione, Beltrafio, Cesare da Sesto, Gaudenzio Ferrari, Andrea Salaï, Francesco Melzi ; l'humaniste Lomazzo, Fra Luca Pacioli l'auteur de la «Divina Proportione». Constantin Lascaris et Demetrius Chalcondylas. Le poète officiel du duc Bellincione, parfois l'illustre Bramante, se joignaient aux élèves.

Cette Académie devait grouper, en outre, des jeunes hommes avides de culture et séduits par le génie et la grâce du Maître.

Ce n'est donc pas une fiction gratuite de supposer qu'il ait parlé une dernière fois à ceux qui, depuis seize ans, se nourrissaient de sa science et s'il la fait, à ce moment tragique pour lui, il dut s'élever aux considérations les plus élevées et donner sa théorie de l'art ; nous dirions, aujourd'hui, son esthétique.

Dans les divers manuscrits publiés par M. Ravaisson, du Codex Atlanticus et de la collection de Windsor qu'édite M. Sabachnikoff se trouvent dispersés les éléments de cette dernière leçon.

Les guillemets pour les phrases textuelles et les renvois aux divers cahiers auraient hérissé singulièrement cet essai. Il s'adresse aux artistes, mais plus encore aux lettrés d'une époque qui ne permet plus à l'honnête homme de séparer, dans sa culture, les Beaux Arts des Belles lettres. Puisse cette sublime voix d'outre-tombe exorciser l'art et le goût contemporain !

LA DERNIÈRE LEÇON
DE LÉONARD DE VINCI[1]
À SON ACADÉMIE DE MILAN (1499)

Vous voulez entendre, en un discours d'adieu, l'esprit de mon enseignement. Je le veux bien, quoique mon âme soit plus triste que le jour où se produisit, sur le mur du réfectoire, le maléfice de l'huile. Ah! les édifices du Bramante abandonnés… Le duc a perdu l'État, ses biens, la liberté… et rien de ce qu'il a entrepris n'est achevé…

La patience nous défend contre les injures du sort comme les vêtements contre celles du froid. Ainsi que nous multiplions les vêtements, si le froid augmente, redoublons de patience aux grandes injures de la vie, afin que notre âme ne soit pas atteinte. Et interrogeons l'expérience, le plus amer et le plus sûr des oracles? Au milieu des machinations, des scélératesses et des batailles qui sont les mœurs communes aux républiques comme aux principautés, prendre parti pour une fortune de podestat, c'est le métier du condottiere. Voyez les moines: ils vivent en bonne paix avec les Turcs pourvu que ceux-ci les laissent chanter leur office. Ainsi, les artistes doivent être pacifiques, pourvu qu'on les laisse faire leur œuvre.

Quoi! notre main qui a tant peiné pour manier avec délicatesse le pinceau empoignerait la pique de seize pieds! Après avoir poli notre esprit jusqu'à ce qu'il devienne un miroir où l'œuvre de Dieu se reflète, nous offririons notre tête aux bombardes; le prêtre qui se mêle aux municipes compromet son prestige: le peintre doit ignorer s'il y a des blancs et des noirs, ailleurs que sur sa palette.

Le très vif intérêt de la conservation le lui conseille, et aussi l'infinie dignité de l'Art, qui, comme le soleil, rayonne à tous les yeux et charme aussi bien les Pisans que les Florentins et les guelfes comme les gibelins. Il ne suffit pas que nous nous lavions les mains des événements de la cité; nous devons professer le plus grand respect pour les Saintes Écritures, parce qu'elles sont la vérité d'abord et ensuite

---

[1] Ces Memorabilia du plus grand des artistes, tirés des cinq mille pages de ses manuscrits, et pieusement traduits et coordonnée, représentent son esthétique et s'adjoindraient heureusement au traité de peinture, purement technique.

parce que l'artiste qui suit des doctrines hérétiques et séditieuses éloigne de ses ouvrages des gens qui ne sont que les contradicteurs de sa parole.

L'Art n'aura point d'ennemis et ne sera méconnu de personne, si l'artiste s'applique uniquement à son œuvre. En effet, l'Art ne représente que du plaisir pour chacun et un vrai profit moral : il guérit de la grossièreté originelle. Tenez-le pour certain : les hommes naissent bêtes et combien meurent après n'avoir été que des sacs où passa de la nourriture ! L'homme naît méchant, mais il comprend très vite son intérêt à devenir sage. Combien tireraient le poignard sur leurs compétiteurs et prendraient au voisin ce qui leur manque, sans la peur du poignard même et des lois !

Pour nous, le pécule n'est pas le but, et notre fonction vaut bien celle des moines. Ils vendent publiquement et librement les grâces divines, sans permission du patron céleste et payent ce qu'ils désirent en monnaies invisibles, impalpables. Nous autres peintres, nous rendons visibles Dieu et la Madone ; on les voit sur nos panneaux comme s'ils apparaissaient. Quel sermon évangélisera tant de monde et aussi longuement que la Cène de Sainte-Marie-des-Grâces, toujours aussi persuasive ?

Lorsque la religion sera rejetée comme une entrave à la furie des vices, la fresque entretiendra encore les hommes les plus pervers de la puissance de Dieu ! Et si d'abominables êtres s'attaquaient aux églises, ils seraient arrêtés, eux que n'effrayerait plus le sacrilège, par la beauté et la perfection des peintures sacrées.

Notre art explique les mystères et rend simples et sensibles les dogmes obscurs. Le théologien n'en finit pas d'expliquer la Vierge-Mère. Si nous la peignons, tout le monde la comprend et l'honore. Et cependant aucun de notre corporation n'a été canonisé, pas même Fra Angelico !

L'amour naît de la connaissance ; et plus celle-ci est profonde, plus l'amour augmente. Or l'artiste, sans cesse occupé à contempler la Création, rend au Créateur un perpétuel hommage. Où chercher Dieu sinon dans l'homme, son ouvrage, et quelle prière que le dessin qui s'efforce d'analyser et de reproduire l'image de Dieu ! Celui qui contemple l'ordre admirable de la nature et l'art merveilleux de la construction qui paraît au corps humain, connaît vraiment l'auteur de toute vie et l'aime comme il doit, en pensant que le corps n'est rien auprès de l'âme qui habite une pareille architecture et qui, pure ou pécheresse, est une chose divine.

Un beau tableau loue le Souverain Artiste, car il force à regarder un effet de sa puissance. Sans nous, les simples ne comprendraient pas les dogmes : nous donnons un corps aux esprits et montrons à l'homme les anges vivants et souriants.

Deux mouvements, l'instinct et le désir, agissent en nous comme moteurs : de l'un nous ne sommes pas libres. Il faut manger et dormir et se vêtir. Mais n'est-ce pas indigne d'occuper son esprit aux événements de son ventre ? Et, quand on est repu, de rechercher cette espèce de mort, le sommeil ; ou de mettre sa gloire à sortir avec une jambe rouge et l'autre verte, suivant la mode, toujours absurde ? Le noble désir est spirituel : la vertu et la science seules le satisfont.

Le désir de la beauté nous écarte, par exemple, de la luxure qui bestialise tant d'individus. Celui qui a, en mémoire, les belles nudités de l'art se détournera plutôt des courtisanes, car il ne retrouvera pas sur elles la perfection vivante dans sa pensée. Ce ne sont pas les tableaux qui corrompent les mœurs : ils les assainissent plutôt.

Florence, cité démagogique, ne mérite pas les beaux talents qui lui sont nés, car elle considère la peinture comme un métier parce que l'artiste reçoit un salaire. Les prêtres ne vivent-ils point de l'autel, c'est-à-dire de la vérité qu'ils interprètent à la foule ? Légitimement nous visons de la beauté, car sans notre interprétation, peu la connaîtraient. De mauvais prêtres passent pour excellents. Chez nous, l'hypocrisie est impossible. On voit qu'un tableau est mauvais. Du reste, estimez le nombre des religieux : il y en a mille pour un peintre.

Je n'en finirais pas, si je voulais faire l'apologie de l'Art. Il possède l'attribut divin : il crée ; il rend visible l'invisible et permanentes les choses les plus fugaces. Le doux sourire d'une bouche de femme qui charma toute la vie du Dante, nous pouvons le montrer à tous et pendant des siècles. Ce qui n'a qu'un instant dans la réalité, nous le prolongeons plus loin que la longévité des patriarches. En cela, nous sommes maîtres du temps.

La diversité des langages, Babel perpétuelle, empêche les hommes de se comprendre. Le Hongrois, l'Esclavon n'entendent pas la patenôtre dite en toscan. La peinture, langue des yeux commune à tous, est comprise du Grand Turc comme du Lombard. On force l'enfant et il pleure pour apprendre ses lettres. Montrez-lui un dessin, il lit l'image sans étude. Sauf dans le bas-relief, la sculpture ne participe pas à cette clarté d'expression ; privée de la couleur, du jeu de la lumière et de l'ombre, elle représente les actions du corps plutôt que celles de l'âme.

Un caractère uniforme se voit aux têtes antiques, toutes les déesses se ressemblent, belles d'une même beauté, jeunes d'une même jeunesse. Nos madones sont des personnes et non un seul type et présentent des traits variés. L'antiquité a rendu la beauté du corps d'une façon qui ne permet pas de mieux faire. Mais depuis qu'un homme est mort en Orient et que l'Occident le pleure chaque vendredi, une nouvelle beauté a paru avec la nouvelle vérité. Une âme a triomphé du monde par sa seule beauté. On ne concevait que la violence des passions ou la sérénité des Dieux et voici un Dieu qui pleure et des passions douces. Grande merveille, d'où l'art nouveau est sorti qui rivalise avec l'ancien. Le Campanile du Giotto l'emporte sur l'obélisque. Mère des arts, l'architecture les engendre, mais sa fille incomparable, la peinture, est appelée à se détacher du monument et à devenir un monument par elle-même, sans qu'on songe jamais à son peu d'espace matériel, si elle est remplie d'expression.

Si on vous disait : « Tourne les yeux vers ce miroir, tu y contempleras, à ton gré, des figures célestes ou grotesques ; choisis ce que tu veux voir : des anges ou des hommes, des princesses ou des paysannes, la tête de Bramante ou celle d'un idiot ? » Je peux, à mon gré, représenter Isabelle d'Este ou une gardeuse d'oies, le duc Ludovic ou son palefrenier et cependant je ne le dois pas. Seules les figures suréminentes méritent l'honneur de l'art.

Quelques-uns de vous m'ont accompagné au Borghetto quand je cherchais les traits de Judas. Ceux-là, connaissant mes cahiers pleins de grotesques, s'étonnaient de mon souci — car il est toujours facile de faire laid. Mais, si vil qu'ait été le vendeur de son Dieu, il le fallait acceptable parmi les disciples tous beaux, comme il convient à des âmes que la pensée céleste s'associa. Un saint a certifié la laideur de Jésus : « Par humilité, dit-il, le rédempteur aurait voulu paraître le plus affreux des mortels ! » O stupidité épiscopale ! De par la loi du Très-Haut, le corps est l'œuvre de l'âme ; elle forme elle-même son enveloppe et la martèle du dedans en dehors, comme l'orfèvre pour produire les reliefs. Vous me demanderez comment, si Jésus était si beau, les Juifs ne furent pas frappés de respect et d'amour, en le voyant ? Eh ! ces méchants n'avaient point d'art : leur loi défendait de faire aucune image de ce qui est aux cieux en haut ou de ce qui est sur la terre en bas. Leurs yeux, ces fenêtres de l'âme, étaient fermés ; ils ne reçurent pas la lumière des formes. Sans l'art, on ignore la beauté parce que l'art seul l'exprime. Ceux donc qui sont ignares, à l'instar des Juifs, manquent toujours de bonté et d'intelligence créatrice. Voyez les sectateurs de Mahomet, superstitieux et féroces et vraies bêtes brutes : ils ignorent la peinture, comme les Juifs.

On envisage une figure sous trois rapports : 1o dans son espèce et ses proportions : un homme est l'homme, l'animal humain ; 2o dans ses passions et leurs mouvements : un lion furieux mugit ou un cavalier s'efforce à maîtriser un cheval ; 3o il ne s'agit plus d'un homme, mais de tel homme qui pense et fait des choses qu'il est seul à penser et à faire.

Il y a donc trois degrés dans la peinture : la représentation animale ou typique ; le mouvement passionnel et l'état intellectif. Ceux qui restent aux deux premiers plans ne touchent point au but de l'art qui est d'exprimer la personne éternelle, la vie et ses besoins, la passion et ses accès sont communes à l'homme et aux bêtes. Elles s'accouplent, elles chassent, elles se battent ainsi que nous.

Mais nous pensons et elles, point! Elles meurent et nous sommes immortels. Or l'immortalité résulte de phénomènes inconnus à l'animal et qui, tous, sont des états vifs ou calmes de la pensée.

On trouve des modèles pour la réalité et la proportion des corps, et aussi pour les basses passions. Le peuple et la soldatesque fournissent partout les accents brutaux de la colère et de l'avidité; mais où découvrir des modèles de pensée et d'immortalité, sinon parmi les rois et les princes qui, soit pour conquérir, soit pour conserver leur puissance, sont forcé à un travail incessant de prudence et de combinaisons audacieuses et très secrètes à la fois? Ceux qui se sont élevés au-dessus de leurs concitoyens par des exploits ou même des intrigues présentent d'ordinaire un caractère réfléchi que l'exercice du commandement rend encore plus profond: il faut les étudier. Quant à la canaille, je ne l'ai point négligée comme élément d'observation; mais qui mettrait la dignité de la couleur sur des trognes? Autant copier le paysage tel qu'on le rencontre. Il n'y a point de site qui fasse un fond convenable à une figure, si on ne le modifie en quelque chose. Une grotte ira toujours bien avec un ours et un loup avec un bois et un bœuf avec un pré; mais dès qu'il s'agit d'encadrer la noble figure humaine, il faut composer. Il se peut que le podestat soit laid, à la façon de Socrate par l'irrégularité; mais de même qu'un lieu se transfigure suivant l'état du ciel, ainsi un visage, quel qu'il soit, s'anime et s'ennoblit par la profondeur de l'intelligence à certains moments où l'individualité se fait jour. Pour qu'un portrait ressemble, il faut confesser le modèle, parler d'amour à une femme et de combats à un guerrier afin d'éveiller l'âme. Faites les portraits à mi-corps et en petite nature: ainsi le visage aura toute sa valeur. Commencez par les yeux et qu'ils soient actifs, chargés de volonté. Un beau portrait est celui qui domine et même fascine le spectateur: pour le mieux, que l'artiste regarde par les yeux du personnage et donne ainsi quelque chose de sa propre intelligence à ses créatures.

Aucun geste, sinon la figure, deviendra allégorique. Je vous ai montré que le modelé varie l'expression à l'infini. La même tête, comme ligne et proportion, passe de la rêverie au dédain, de la tristesse à la colère, en modifiant les ombres autour des yeux et des lèvres. Ne vous souciez pas de préciser l'expression. L'énigme attire l'homme et le retient. Les prêtres ont raison de ne pas vouloir qu'on explique la religion. Si nos mystères chrétiens étaient compris, il faudrait aussitôt en concevoir d'autres: notre esprit se nourrit de problèmes. La magie a perdu beaucoup de bons cerveaux parce que, croyant avoir expliqué les secrets de la foi, ils sont devenus les croyants d'autres secrets bizarres et, après avoir soi-disant percé les mystères de l'Église, ils en ont aperçu d'autres… et d'autres encore.

La raison s'exerce, comme chez elle, dans le domaine de l'expérience. Acquérir une connaissance est toujours utile à l'intellect, ne fût-ce que pour abandonner l'inutile et réserver ce qui est bon. Car on ne peut rien aimer ou haïr sans connaître ; et le désir de la connaissance agit dans l'homme comme un instinct supérieur.

La connaissance du passé et l'étude de la création forment l'ornement et la nourriture de l'esprit humain. On doit procéder du connu à l'inconnu et le témoignage des sens est le vrai critère de vérité ; mais la raison ne peut embrasser l'infini : l'origine et la fin des choses dépassent la mentalité humaine. Laissons les moines et les prêtres, qui possèdent tous les secrets par inspiration, expliquer les lettres sacrées qui sont la vérité suprême, et contentons-nous de faire sentir, l'infini, sans le définir. Pour opérer ce reflet d'infini dans un visage, il faut rejeter les accents passionnels et former un masque grave et souriant à la fois, qui attire et qui domine, comme une chimère qui ne serait pas cruelle, ou une sirène qui ne voudrait qu'éprouver le nautonnier ou un ange un peu ironique.

Ces matières trop subtiles se dérobent aux mots : vous me comprendrez cependant, si je dis que le beau visage doit ressembler à une musique de pensées harmonieuses et indéfinies. Un air nous semble triste ou gai, suivant la circonstance qu'il nous rappelle, et un visage plaît à des spectateurs très différents : aucun n'y voit la même chose.

Les uns ont dit que j'avais trop donné à la nature humaine du Sauveur parce qu'il manque derrière sa tête, le grand nimbe d'or traditionnel ; et les autres, que j'avais trop développé la nature divine parce que Jésus accepte avec une résignation surhumaine la trahison de Judas. J'ai donc bien fait, puisque les partisans de l'une et l'autre nature la retrouvent dans mon œuvre. Le spectateur recherche ses propres tendances dans l'œuvre qu'il regarde ; l'artiste lui-même reproduit invinciblement sa pensée et même sa propre physionomie : il va jusqu'à donner à ses modèles ses défauts comme ses qualités.

Celui qui croit que le but de l'Art est de reproduire la nature, ne peindra rien de durable : car la nature vit. Mais elle n'a point d'entendement. Dans l'œuvre, la pensée doit compenser et remplacer la vie, sinon on ne verra qu'une œuvre corporelle et sans âme. Il y aura toujours plus d'honneur à concevoir les figures du ciel qu'à copier celles de la terre et à peindre des anges que des hommes.

Les sujets spirituels seuls méritent de tenter les vrais artistes, ne serait-ce que par leur difficulté ! Ce qu'on dédaigne dans la réalité, qu'on le dédaigne aussi dans l'art. Qui oserait faire un tableau avec les mendiants à la porte d'une église, avec les paysannes d'un marché, ou représenter un corps de garde ou une taverne ou un ghetto ? Tout cela sert à l'étude, et le laid convient pour analyser le beau : car nous concevons mieux une chose par son contraire. Dans l'œuvre, la règle est la beauté, résultant de la triple perfection de la forme, du sentiment et de l'idée.

On commence par la beauté extérieure, et on peut se féliciter de l'atteindre ; puis on dégage l'âme. Il serait puéril de prétendre à représenter les passions avant de posséder toutes les parties de l'anatomie et le jeu de chaque membre dans les plus différentes attitudes. Mais celui qui sait agira autrement. Il commencera l'œuvre en esprit ; ensuite il s'efforcera de découvrir le mouvement qui correspond à son idée ; enfin, en troisième lieu, il dessinera le corps de son personnage. Si quelqu'un voulant peindre le Christ travaille d'abord d'après un modèle, il n'aboutira pas. Voici comment il devra procéder. Il se figurera d'abord, méditativement, en lisant l'Évangile, l'Homme-Dieu ; et lorsqu'une image se détachera en son esprit, il choisira l'événement le plus propre à mettre cette image en relief et déterminera la physionomie, l'attitude et ce qui doit, personnages ou paysages, encadrer le Sauveur. Alors seulement il prendra des modèles pour fixer le mouvement, la draperie, l'éclairage, et la perspective optique.

Mais il inventera les têtes principales, celles qui exprimeront sa pensée. Cette invention des visages constitue le plus haut point du génie et de la difficulté.

Une œuvre se compose, comme un homme, de corps, d'âme et d'esprit. Disciples, commencez scientifiquement par le corps qui est le connu, pour ensuite atteindre à l'âme qui est l'inconnu. Un maître, au contraire, commencera par l'idée et lui donnera ensuite l'expression et la forme convenables. N'imitez pas les peintres du Nord qui, sans s'élever jusqu'au domaine de l'esprit, excellent à rendre certains sentiments, tels que l'humilité et la vraie piété, mais qui copient la première figure rencontrée et habillent laidement de belles âmes.

Ce qu'on remarque dans la rue, ce n'est pas l'homme d'une noble et calme allure et d'une convenable vêture, mais celui dont la taille est démesurée ou l'accoutrement bizarre.

En art, le spectateur aime surtout les exagérations : son admiration demande à être surprise par quelque chose d'anormal et d'inconnu : et dans la voie que je vous ai tracée, on ne recueille pas le suffrage général. L'œil du vulgaire se plaît aux couleurs très vives et discordantes, juxtaposées durement : c'est une erreur barbare. Un tableau doit avoir une couleur générale dominant et apaisant les colorations particulières, comme si la lumière qui s'y trouve répandue était la principale couleur.

Le dessin n'a qu'un objet, l'apothéose du corps humain. Je comprends ce mot dans le sens ancien, dans un sens héroïque, et j'arrive à la question grave du caractère des sexes.

Des guerriers ne seront jamais trop virils ; ni des captives jamais trop faibles et langoureuses. Mais les figures angéliques ou allégoriques, à quel sexe appartiendront-elles ? La barbe et les mamelles disconviennent également aux spiritualités ; et même, en ne copiant que l'extrême jeunesse, l'adolescent manque de suavité et la vierge paraîtra trop frêle.

Si vous voulez faire un ange, d'après un homme, il faudra arrondir les membres, amincir les jointures, assouplir le mouvement, le féminiser ; si vous travaillez d'après une femme, vous réduirez les chairs, vous diminuerez les courbes, vous viriliserez la figure : de telle sorte que vous tirerez une jeune fille de votre modèle masculin, ou un jeune homme du modèle féminin. Dans les deux cas, vous obtenez un troisième état du corps humain réunissant la force et la grâce et au-dessus de la concupiscence ; car ce troisième état de la forme humaine n'éveille point le désir des hommes quoiqu'il soit féminin, ni celui des femmes quoiqu'il ait beaucoup de traits masculins. En outre, c'est le seul moyen de rendre la beauté chaste et convenable aux messagers célestes, aux génies et autres manifestations spirituelles.

Ajoutez à cette forme que la nature ne connaît pas et que le génie de l'homme inventa pour incarner l'invisible, ajoutez le caractère musical de l'expression et les effets énigmatiques que donne le modelé appliqué à faire saillir l'intériorité et vous obtiendrez de véritables apparitions, sans nimbe, sans gloire, sans effet de clair-obscur.

Le peintre triomphe en montrant par la seule beauté qu'une figure n'appartient pas à la terre et remontera tout à l'heure au ciel, d'où elle est descendue.

Dans les nudités, la chair, par sa masse lumineuse, distrait du visage, théâtre incomparable de l'expression : et il y a lieu de tempérer cet éclat par un éclairage artificiel. Pour la tête, il faut la modeler du dedans au dehors. Si vous acceptez le modelé de la lumière extérieure, vous renoncez à la puissance et au charme de l'expression. Isolez courageusement la tête des influences ambiantes pour qu'elle soit un tableau dans le tableau. Le parti pris de couper en deux le visage par la ligne du nez et de noyer un des côtés dans l'ombre ne vaut rien. Modelez expressivement avant tout et puis trouvez un clair-obscur convenant à ce mode.

Avant de peindre, arrêtez complètement la tête en camaïeu et surtout la bouche et les yeux et les poussez aux dernières limites du rendu. Qui a les yeux à la bouche ; qui a les yeux et la bouche a la tête ; qui a la tête a la figure, car la tête manifeste la pensée, privilège immortel de l'homme. Quant au corps, aux draperies, au fond, tout est accessoire.

On voit des peintres que la nature fascine et subjugue ; ils ne la jugent pas et la reflètent comme un étang reflète ses bords. Un maître ne subit pas ce vertige : amant de la nature, certes, il se défend de servilité ; ce n'est pas Hercule filant aux pieds d'Omphale, mais plutôt Ulysse en face de la magicienne Médée et la faisant obéir par le glaive du raisonnement.

Le modèle utile et dangereux nous fait oublier notre conception, et je ne parle ici que du nu. Même dans les portraits, prenez garde aux modes de votre temps : elles rendront vos œuvres ridicules aux yeux de la postérité. Prenez garde aussi aux idées de l'époque ; l'artiste ne travaille pas pour ses contemporains, ni pour son pays, ni pour ceux de sa race. Tout ce qui est milanais, florentin, ou de telle année, tout cela est mauvais : il faut penser à l'universalité des hommes et des temps. Prenez garde enfin que les têtes d'un même peintre se ressemblent et que cet air de famille ne compromette la variété des personnages. Les siècles futurs s'ennuieront à voir ces modes, ces façons, ces airs de tête qui sont les grimaces momentanées d'une ville et d'un groupe.

N'imitez pas ceux qui mettent leurs propres chaperons aux héros et les loques qu'ils ont vues dans un port ou sur un vaisseau aux personnages de la Bible. Car si nous connaissions les vrais costumes des apôtres nous ne les copierions pas — sinon ce seraient des pêcheurs de Tibériade aussi insignifiants que ceux de l'Adriatique. Or, ce que nous voyons dans les apôtres, c'est leur apostolat et non leur métier primitif : et nous devons les représenter en pêcheurs d'hommes et non en pêcheurs de poissons. Figurez-vous que j'aie copié douze têtes juives du Borghetto, sous prétexte que les disciples étaient juifs et que je les aie coiffés des turbans et des robes vues à Venise ! Quelle risée ! Quelle chose grotesque c'eût été !

— Il ne reste donc qu'à draper à l'antique — direz-vous ? Pourquoi, à l'antique ? Je n'ai jamais drapé qu'à la Léonard : j'ai créé mes robes, mes manteaux et leurs plis, d'après mes corps ! N'imitez pas les tédesches et leurs cassures à angles droits et si multipliés que le corps disparaît et qu'on ne voit plus qu'une tête et deux mains sortant d'un flot d'étoffes de vingt aulnes. Travaillez d'après des étoffes minces et mouillées et n'épaississez que graduellement pour ne pas perdre de vue le corps. Toute figure peinte doit pouvoir éveiller l'amour, soit l'adoration si elle est sacrée, soit l'attraction, si elle est profane. L'art se propose de plaire à l'esprit, par le moyen des sens. On se lasse vite de l'éclatante jeunesse et on se lasserait vite d'un ouvrage qui n'aurait que cet attrait. Les femmes qui exercent un violent empire sont plus artificieuses et subtiles que régulièrement belles ; il ne faut donc pas se contenter de représenter des personnages bien proportionnés et nobles. La complexité et la subtilité apportent avec elles la variété dans le même objet.

Peu de philosophie suffit au peintre, s'il conçoit nettement le but de son art. Il croit son instruction finie dès qu'il travaille exactement d'après nature et, ignorant la dignité très excellente de son pinceau, il l'emploie comme l'outil d'un métier, au lieu de le manier pour la beauté, comme le chevalier agissait de son épée en faveur de la justice.

De la Beauté, comme d'une source, coulent les suaves plaisirs ; l'œil transmet à l'âme la douce impression et l'âme la communique à l'esprit, épanouissant nos facultés. Simultanément faite de proportions, puis animée d'une passion vive et héroïque, la Beauté atteint son apogée sur le plan mental. Notre imagination a plus de force que notre sensibilité ; l'esprit garde mieux ce qu'il a reçu que ne fait l'âme affective.

Combien de femmes émeuvent successivement un homme, tandis qu'il reste fidèle jusqu'à la vieillesse aux pensées de son adolescence ! Pour que l'Art satisfasse l'esprit, il faut que l'œuvre manifeste la beauté de l'espèce et aussi l'individuelle ; qu'elle unisse la perfection d'essence typique et la variété qui tient à l'individualisme. Plus vous enfermerez de particularités dans une proportion excellente, plus vous obtiendrez un suffrage durable. A exprimer ma pensée, j'ai la même crainte qu'à saisir un papillon aux ailes brillantes d'une pâte délicate et qui s'efface sous les doigts.

La beauté complexe résulte d'ambiguïté, presque de contradictions. Imaginez une femme trop fière pour qu'on ose lui parler d'amour et laissant voir une impatience d'être aimée.

Ce sentiment mi partie, cette expression double et mêlée, il faut l'étudier chez les femmes : leur indécision, le caprice mouvant de leurs humeurs engendrent ces regards couleur du temps et ces sourires indéfinissables, véritables pierreries pour l'artiste qui sait les enchâsser dans de nobles traits.

Ainsi se produisent ces miroitements de l'âme d'une action enchanteresse et qui passionnent comme des problèmes de bonheur. Une bacchante, une nonne, toutes deux trop caractérisées, n'excitent point l'imagination. Le spectateur reconnaît tout de suite leur réalité et ne rêve point. Il faut, au contraire, qu'il doute de sa compréhension afin que son esprit surexcité abonde en commentaires. L'homme n'aime profondément que l'insaisissable et n'allume son désir qu'au choc de la contradiction. Ceux qui cessent d'être dévots deviennent superstitieux, voire magiciens, par besoin d'inconnu, et le noble amour de la science prend sa source dans cette tendance invincible de notre nature vers l'inexplicable. L'amour de la vérité, le plus noble mouvement de notre esprit, cesserait aussitôt s'il parvenait à son but. La recherche nous passionne, elle exerce nos facultés, augmente en nous la vie supérieure. La découverte toujours nous déçoit. Le bonheur n'est qu'un motif d'activité et, si nous le trouvions, il ne nous suffirait pas : nous irions à d'autres recherches.

Nous entretenons la vie physique par la nutrition ; la vie spirituelle trouve dans l'art son aliment ; car il confirme l'homme dans son principe d'immortalité. Il est rationnel que l'esprit ressemble à l'aimant et que sa force s'augmente, par l'exercice de sa propriété. L'honneur du mortel paraît aux soins qu'il donne à son esprit ; qui cultive l'entendement cultive la vertu. Les paillards, les irascibles, les avides, ne sont pas gens de méditation et de travail ; sans cesse à l'affût des circonstances favorables à leurs stupides passions, ils entretiennent le trouble dans la cité et menacent la paix des autres. Celui qui contemple, pour son plus grand plaisir, la création et s'efforce d'en démêler les lois est un bon citoyen ; il s'écarte des compétitions et n'a point d'envie. Il estime au plus haut prix d'enrichir sa mentalité : nous ne possédons vraiment que nos pensées. Voyez qui sont les vrais riches ! Ne sont-ce pas les artistes qui prodiguent au commun des hommes les trésors de leur vision et qui, manifestent la perfection des choses et prouvent la main toute puissante du Grand Artiste dont nous sommes le chef-d'œuvre, puisque nous avons la faculté toute divine de créer. Il n'y a pas de plus authentique nécromancien, de plus véritable thaumaturge que le peintre.

Il fait apparaître, à son gré, les plus anciens personnages et même la divinité ! Quoi ! sur une surface plane, il montre tout un pays avec ses vastes plaines, ses hautes montagnes et ses rivières sinueuses ; et en même temps l'enfant Jésus, sa mère et le cortège des rois mages, et ce n'est pas un fantôme fluide qui éblouit et s'efface : l'apparition survit à l'évocateur.

Seul le peintre évoque les esprits : même les bienheureux viennent à son appel et tels que nous les concevons.

Dans des sujets sacrés, il faut suivre la croyance commune, parce que cette croyance est déjà une image produite par l'imagination des fidèles et que la réflexion d'un seul n'égalerait pas. La visite de la reine de Saba à Salomon dépend de la fantaisie de l'artiste.

Quand une figure n'existe pas déjà dans les esprits cultivés, avec des traits traditionnels et précis, l'artiste s'efforcera de la rendre tellement significative que ses contemporains l'associent aux personnages traditionnels : c'est là le plus beau succès. N'exprimant aucun fait historique, la figure manifestera une âme.

Il faut penser à la musique et au moment de silence qui précède le soir, pour créer une expression séductrice. Si vous peignez une femme, qu'on souhaite d'en être aimé, sans l'espérer ! Ce sont les seules amours qui ne finissent pas par des larmes : car plus il y a de sentiment dans nos désirs, plus il y a martyre, grand martyre !

Le peintre qui flatte les grossiers instincts méconnaît la dignité de son art. Certains prêtres crient contre l'étude du nu et voudraient que, par pudeur, on ignorât la splendeur du corps. L'art ne saurait différer de l'homme : il ne peut renoncer ni à la grâce, ni à la volupté, sans s'amoindrir. Tout nous vient par les sens ; l'honnêteté consiste à tempérer leur mouvement par une attraction plus haute. Une femme désirable ne sera point Vénus, si elle manque de ce caractère propre aux déesses d'intimider le désir du mortel. Quelques-uns représentent les anges en enfants, comme si leur pureté venait de leur ignorance. A mon sens, on augmente leur dignité, si leurs yeux inquiètent l'homme par la supériorité d'entendement. Employés aux desseins célestes, confidents des mystères, l'ingénuité leur va mal. Ils paraissent de bons serviteurs qui ignorent à quel bel office on les commet et qui l'accomplissent servilement.

Les anciens n'ont jamais agi légèrement et il faut de bonnes raisons pour s'écarter de leur exemple. Si leur peinture, dont il ne reste rien, ressemblait à leur sculpture, elle était exclusivement typique : car les plus belles statues sont au repos. Que vos figures isolées soient paisibles ; mettez l'activité dans l'expression : l'esprit se montre plus curieux d'un sourire étrange que d'une gesticulation violente. Certes, on peut faire œuvre dramatique d'une bataille, je l'ai montré, à Florence, dans l'épisode d'Anghiari ; c'est cependant un art de second ordre, supérieur à la représentation animale, inférieur aux effets spirituels. Voilà pourquoi le peuple juge mal et ne discerne pas la beauté suréminente, la réalité étant plus voisine de sa propre nature extrêmement limitée. On m'a blâmé de m'occuper de choses très diverses, étrangères à mon art. Le peintre doit être un homme universel et tirer profit de la moindre observation. Quel petit entendement que celui qui ne s'intéresse qu'à son procédé ! L'œuvre s'élargit ou se rapetisse suivant que le cerveau du peintre embrasse un grand ou un petit horizon. Celui qui ne voit au monde que son modèle et sa palette descend au niveau de l'artisan : il n'observe plus ni lui-même, ni les autres, et la nature ne frappe que ses yeux, non son esprit : il n'est qu'œil et main d'ignare, sauf à manier le pinceau. Les sciences sont les soldats de l'art : elles lui servent à exprimer avec rigueur les plus imperceptibles et insaisissables traits de l'esprit. L'étendue et la fermeté du savoir forment la base d'une carrière. Une merveilleuse harmonie relie entre elles les choses créées et l'œil du peintre tire les éléments de son art du spectacle de la vie. Le battement d'aile de l'oiseau vous donnera le dessin d'une paupière et la vague qui meurt sur le sable enseigne le mouvement d'un sourire. J'ai trouvé dans le ciel des reflets applicables au regard et les fleurs m'ont appris des poses pour les mains.

Le peintre fréquentera les hommes que la fortune a élevés. Leurs desseins profonds, l'habitude d'oser et de réussir, la constante dissimulation qui leur est nécessaire, le perpétuel souci de conserver le pouvoir ou de l'augmenter, ces causes tendent leurs ressorts intérieurs les rendent admirables pour l'étude.

Leurs yeux impérieux se voilent par volonté ou lancent des éclairs ; dans le conseil ou dans l'action, ils prennent des expressions, vraiment prêtes à peindre, tandis que le citoyen obscur appliqué à gagner de l'argent ne mérite pas notre attention : il ne correspond à rien de pictural. On trouve plus aisément à s'inspirer des femmes que des hommes, car nous les regardons avec une complaisance involontaire qui a sa raison cachée aux lois de la nature. Peignez-les, les genoux serrés, les bras ramenés vers le corps, la tête inclinée et un peu penchée sur le côté : qu'elles ne paraissent de conquête facile et banalement accueillantes. Sinon le spectateur ne sera pas attiré ; et ce n'est pas la peine de travailler à une figure dont personne ne voudrait, s'il la rencontrait vivante. Encore ne faut-il pas que le spectateur ait l'impression familière d'avoir rencontré votre figure et qu'il en connaisse d'identiques. Même devant un portrait, les parents et les amis doivent s'étonner de ce que le peintre a su voir dans le modèle. Il y a une faculté très rare de pénétrer jusqu'au dedans des êtres et qui seule permet la ressemblance idéale qui diffère tout à fait de la justesse du coup d'œil ; elle opère d'une façon divinatoire et explique l'inconnu par le connu, l'être intérieur par son extériorité. J'ai dessiné beaucoup de vieillards parce que leurs rides et déformations révèlent leurs passions et leurs souffrances ; on suit aux plis de leur peau les étapes de la vie, comme si on examinait la carte de leur destin accompli. A la fin de la vie, le nez de l'orgueilleux s'accuse, la calvitie découvre le front de l'ambitieux, le creusement des joues révèle l'avare, et l'exagération des lèvres le gourmand. Déprimez le front, aplatissez le nez et le type descend jusqu'à l'idiotie. Élargissez les maxillaires en amincissant les lèvres, vous produirez la férocité. Chacune de nos passions manifeste spécialement un instinct animal et les ressemblances bestiales dévoilent, d'un seul coup d'œil, l'âme des hommes. Qui n'a remarqué le rapport des gens de loi et du renard, de ceux d'Église avec la fausse bonhomie de l'ours, tandis que les hommes généreux mais sans grande pensée ressemblent au cheval, que nos condottiere ont des profils d'oiseau de proie et que le type commun parmi le peuple est celui du chien ou du mouton. Quoi d'étonnant que nous ayons des instincts, puisque notre organisme ressemble en tant de points à celui de l'animal ? Mais la nécessité du travail impose au corps humain une allure attristante : on reconnaît la profession au développement ou à l'atrophie de telle partie du corps : la mode aussi détériore nos formes. Les pieds sont également déformés par la misère et par le luxe, par la fine chaussure ou la marche nue : il faut donc les dessiner idéalement. Préférez aux courtisanes les femmes de haute lignée et de bonnes mœurs. L'oisiveté, la rêverie, la lecture des poètes et une ascendance de richesse vous assurent que ce sont de bons sujets d'étude. Efforcez-vous de les intéresser afin de donner essor à leur coquetterie : les honnêtes ont souvent beaucoup d'expression, au lieu que celles incontinentes paraissent comme vides.

Le désir réfréné brille dans les yeux. Pourquoi les femmes vont-elles révéler leurs luxures, leurs actes les plus honteux et les plus secrets au prêtre qui n'en peut rien faire, tandis que ces mêmes révélations serviraient grandement au peintre ?

Je porte toujours avec moi de petits cahiers où je dessine ce qui me frappe : cependant, je n'ai jamais transporté un de mes croquis dans une œuvre. J'étais bien jeune quand j'ai peint un des anges dans le Baptême du Christ de maître Andréa Verrochio et déjà j'avais inventé une beauté que nul n'avait encore vue. Mes têtes ne ressemblent ni à moi, ni à mes amis : elles sont des médailles de ma pensée et pour cela elles intéresseront toujours ceux qui pensent.

Évitez le caractère, comme les modes de votre cité et pensez au temps futur.

Le peintre n'est pas un historien des mœurs, il représente l'homme, mais non les Milanais ou les Florentins. C'est déjà trop que l'air de parenté qu'ont toujours les plus divers personnages du même artiste.

Les sentiments violents, les actions dramatiques frappent la sensibilité plutôt que l'imagination. Au contraire, si votre personnage ne représente que lui-même, sans acte, sans attribut, il irrite l'esprit du spectateur et l'homme, vous le savez, méprise ce qu'il comprend. Que toujours les formes soient harmonieuses et telles que les anciens les ont arrêtées. Nous autres modernes nous ne pouvons inventer, après eux, que dans l'expression. Pour en découvrir la théorie, suivons la voie des sciences, l'expérience ! Aux moments heureux, quand nous contemplons une magnifique campagne par un beau soleil ou que nous écoutons une suave musique, ou enfin qu'un être aimé nous tend la main, nous ne savons comment rendre notre joie : nous la disons indicible, inexprimable, ineffable, intraduisible. Eh bien ! je propose de dire l'indicible, d'exprimer l'inexprimable, de réaliser l'ineffable et de traduire l'intraduisible. Toutes ces choses sont bien au-delà des proportions : et leur peinture dépasse la représentation plastique, c'est une création spirituelle et qui attirera l'esprit. Ces figures donneront la même joie qu'un visage aimé. Mais le visage renouvelle sans cesse son accent et la figure peinte, non.

La complexité de l'expression compensera donc la succession si variée des jeux de la physionomie. En ce genre où je n'ai pas eu de précurseur, voici comme je procède. Je fais plusieurs dessins de la même tête, les uns très tendres, les autres ironiques, ici pleins de langueur et là tout à fait vifs ; et d'après ces versions du même texte, empruntant, d'ici et de là, une nuance, je compose un visage tellement énigmatique que chacun y voit ce qu'il veut, sans cependant se tromper tout à fait sur ce que j'y ai mis, puisque ma volonté était de tramer l'expression avec les fils les plus variés. Vous savez qu'en mélangeant plusieurs parfums, on en produit un nouveau ; ainsi, je mêle des accents très divers et ils forment un charme composite qui ne lasse pas le spectateur, car celui-ci n'est jamais sûr que ce qu'il voit, soit ce qui est. Dans cet art, la figure domine le spectateur par la puissance du regard et inquiète son esprit par un effet simultané d'accueil et de dédain, également réparti entre les yeux et les lèvres. Il y a une gloire plus grande à œuvrer en ce genre qu'à peindre les passions, parce que les mouvements de la pensée sont plus subtils.

Je sais bien que je ne suis pas un lettré et que des présomptueux se croient le droit de me blâmer de ne pas disserter en savant humaniste! Les insanes! Je peux leur répondre comme Marius aux patriciens romains. «Ceux qui se font honneur du travail des autres me contestent le fruit de mon propre labeur.» Ils diront que n'étant pas un lettré de profession, je ne dois point exposer de théorie. Ils ignorent que ce qui m'occupe relève de l'expérience et non de l'élocution. Ceux qui ont bien écrit n'ont eu d'autre Muse que l'expérience; c'est ma rectrice. S'ils me dédaignent, moi qui suis un créateur, je leur dirai qu'ils ne sont que des récitateurs de l'antiquité. Le créateur est un intermédiaire entre la nature et l'homme, au lieu que les déclamateurs ressemblent aux miroirs qui n'existent pas par eux-mêmes et qu'on ne regarde que pour ce qu'ils reflètent. Si je ne sais pas justifier mes découvertes par des citations, j'invoquerai une autorité plus haute, l'expérience, maîtresse de leurs maîtres.

Rien ne peut être aimé ou haï que par la connaissance; l'amour est son fils et d'autant plus digne que la connaissance est plus profonde. Or, je puis dire que j'aime la vérité, moi qui m'efforce de la dégager des formes. Les humanistes décrivent les tableaux antiques que nul n'a vus, et moi je fais des tableaux que l'on voit et qui sont tirés de mon raisonnement. Les œuvres anciennes sont des exemples, elles doivent servir à en produire de nouvelles. Si j'avais, comme d'autres, copié les draperies des statues romaines, on m'aurait applaudi pour cette imitation. J'en ai inventé qui sont propres à mes figures. Qui ne sait les mathématiques ne peut me comprendre, mais ce sont là de sciences imitables: le disciple en sait bientôt autant que le maître; il n'en est pas ainsi pour la peinture. La géométrie ramène toute surface au carré, tout corps au cube; l'arithmétique fait de même des racines carrées et cubiques, mais la beauté des lignes ne se voit que dans la peinture, et là, le plus appliqué des disciples n'égale souvent pas le maître.

L'artiste peut prendre un tel empire sur l'esprit, qu'il fasse aimer une femme peinte autant qu'une vivante. Il m'est arrivé d'exécuter une peinture sacrée dont un homme s'éprit; il l'acheta et voulut faire disparaître ce qui indiquait la divinité pour la pouvoir baiser sans remords. Enfin, il fallut ôter la peinture de la maison. Ce trait montre une âme désordonnée; mais combien trouvent un plaisir très pur à contempler une beauté, fille de notre art! Si je voulais parler en humaniste, je dirais que la plus noble passion est celle qui aime l'image de la beauté au lieu de la réalité charnelle, et qu'il est noble de trouver son plaisir dans la seule contemplation. Tout n'est pas dans les livres : la description ne donne qu'une faible idée des choses, tandis que l'art les montre ; avec leur variété il crée les choses ravissantes, comme les épouvantables. Il est seigneur et dieu des formes. Bocage ou désert, neige ou canicule se montrent à son gré ; il élève les montagnes, creuse les vallées, ou étend une grève le long des flots. Tout ce qui existe dans l'univers par essence, présence et imagination, il l'a dans l'esprit et dans les mains ; et ses mains sont si puissantes qu'elles créent l'harmonie par les proportions saisies d'un seul coup d'œil.

J'ai étudié la magie pour savoir ce qu'il y a de réel dans cette prétentieuse recherche. Mon crayon commande aux esprits mieux que la baguette, car je fais sortir un ange d'une feuille de papier. Le peintre est le vrai magicien. Il appelle les esprits et les esprits prennent forme. La plupart du temps, les nécromanciens se donnent des hallucinations et de grandes fatigues, risquent le bûcher et deviennent fous. Ils prétendent que les esprits leur parlent. Comment le feraient-ils, n'ayant pas de bouche, ni aucun moyen de faire vibrer l'air ? A la façon de la peinture qui parle à l'imagination. En vain je leur ai demandé, à ces insensés, de dessiner leurs visions. Ils ne m'ont rien montré. Aucune étude même de choses vaines n'est tout à fait inutile ; j'ai conçu le dessein de faire ce que la magie se propose sans y parvenir ; et j'ai dirigé mon application vers la figure qu'on pourrait attribuer à des esprits qui auraient pris corps : j'entends de bons et nobles esprits, car pour les méchants et stupides, il n'y a qu'à sortir de chez soi, pour en rencontrer. Quel sera le propre d'un esprit, sinon la puissance spirituelle ? et comme la vraie connaissance ne permet ni la méchanceté, ni la familiarité, il faut une expression de douceur et de dédain. Mes figures ne sont pas tout à fait célestes ; le spectateur les honorerait sans les aimer ; ni cependant réelles, elles n'auraient pas agi sur l'esprit qui ne s'émeut qu'à la rareté et à l'étrange.

Je vous ai déjà dit de mêler l'adolescent et la vierge pour éviter l'espèce de grossièreté qui tient au sexe : car c'est dépréciation pour l'œuvre d'éveiller l'animalité. Je vous conseille de former votre expression, avec le regard, (je ne dis pas les yeux) d'un savant homme et le sourire d'une coquette ; et les accordant, d'étonner le spectateur que dominera la pensée virile tandis qu'il sera séduit par la grâce féminine. Quoi de plus beau que la science sous les traits de la grâce ; l'austère rectrice du monde avec des yeux séduisants et une bouche délicieuse. On a fait avant moi des anges adorables, mais d'un charme tout fait d'innocence et de traits enfantins. Je leur ai donné l'expérience, résultat des méditations profondes : chez moi leur adhésion au bien est basée sur la connaissance du mal. L'Art est cet arbre dont parle l'Écriture et qui seul est défendu. Pour attirer l'homme, il faut quelque chose de complexe. Sauf la Madone, qui est toute pureté, les anges n'ignorent point ce qu'ils combattent sans cesse et comme ces combats sont spirituels, ils appliquent leur merveilleux entendement à être plus subtils que le Malin. Quant à maître Léonard (ne riez pas, c'est ainsi que nos paysans appellent le diable), ne le peignez jamais. Sous les traits que lui attribue la dévotion, il serait laid ; et en le faisant autrement, vous déplairiez à l'Église.

Nous, inventeurs de fictions, nous devons respecter les anciennes et le commun sentiment qui n'est pas malhabile, puisqu'il donne des formes animales à ce qui vient d'en bas, réservant la beauté pour ce qui descend du ciel. Un humaniste ne manquerait pas de vous donner son avis comme une vérité, sous la citation d'un ancien. Les commentateurs ne trouvent-ils pas dans la Bible des choses qui s'appliquent aux guelfes et aux gibelins, et chaque parti ne reconnaît-il pas l'Antéchrist dans le chef ennemi ? Un dominicain vous dira que Saint Jean à Pathmos a prophétisé les événements actuels de la Toscane ! Je ne philosophe pas : je peins ma pensée, par dedans et par dehors. L'homme pense librement : il ne saurait parler de même. Pour un qui a des vérités à dire, mille sots suivent d'absurdes chimères. La parole des prêtres est excellente, leurs mœurs sont mauvaises. Observons les lois de notre art et approfondissons ses mystères : ils suffisent à la plus grande perspicacité. L'homme est le domaine de l'homme ; mais certains semblent plus qu'humains et d'autres, moins. Souvent j'ai admiré plus d'âme dans mes chevaux que dans les gens que je fréquentais. Il y a quelque chose d'irritant à voir les êtres stupides jouir d'un aussi bel organisme que les intelligents. C'est à croire que plusieurs anges se sont humanisés et que beaucoup de bêtes sont devenues des hommes. Je ne vois pas sans dépit des figures vulgaires ou grotesques manifester toutes les ressources de la ligne et de la couleur. La peinture ne devrait servir qu'à éterniser les plus nobles conceptions de l'esprit ; car, comme un miroir incliné, par destination, elle reflète le ciel et perd sa noblesse à reproduire les bassesses de la vie.

La partie s'efforce constamment de se réunir à son tout pour finir sa souffrance qui est son imperfection même. Comme le papillon vole vers la lumière, l'homme aspire à revenir à son point de départ. Son désir continuel se tend vers le printemps nouveau et le nouvel été, et vers de nouveaux mois et vers d'autres années ; il trouve les choses désirées bien lentes à venir, sans songer qu'il désire ainsi sa propre mort. Ce mystérieux et fatidique désir est la quintessence, l'esprit des éléments enfermés dans l'âme et qui tendent sans cesse à quitter le corps et à retourner vers celui qui les a formés. L'art assouvit, par ses œuvres, ce besoin impérieux, source des passions que l'esprit seul purifie. Dans cette recherche, l'homme s'éloigne du pôle animal et se rapproche de la Cause qui est toute spiri-tuelle. L'œil du peintre, aisément fasciné par la nature, entraîne souvent sa main sans congé de son cerveau : il observe sans méditer et exécute sans réfléchir. On m'a blâmé de dire que le peintre doit être universel et cependant là est sa dignité. Il n'y a pas d'esprit si grossier qui ne soit capable, avec du temps et de l'applica-tion, de venir à bout d'un genre comme le paysage, les animaux, les fleurs et le portrait, mais ce sera un artisan et non un artiste.

Quand on compare les arts entre eux, on donne souvent la préférence à la Sculpture et, en cela, on se trompe. La statue ne vaut que par la proportion et le mouvement. Quant à la pensée, elle ne s'extériorise qu'au moyen du clair-obs-cur. La personnalité ne paraît qu'au visage ; les Vénus semblent toutes les filles du même statuaire : belles, mais pareilles. Nous ne pouvons pas dépasser cette beauté et à peine l'atteindre : travaillons dans le sens où la création est possible et personnalisons nos figures, de telle sorte qu'elles soient toutes différentes et le plus qu'il sera possible, non par les formes, qui sont limitées, par l'expres-sion qui est, je ne me lasserai pas de le dire, le domaine de l'infini. Seulement, n'oubliez jamais que l'exécution doit être impeccable, dès qu'on a des intentions spirituelles. Une main lourdement dessinée suffirait à déshonorer la plus noble composition. Le fini de la touche donne un caractère précieux et augmente la signification.

On ne trouve pas de beauté chez les gothiques, mais leur façon minutieuse et très appliquée mérite la louange. Comment accorderait-on beaucoup d'at-tention à l'ouvrage où l'artiste visiblement a mis peu de soin ? Ne laissez jamais une couleur s'isoler d'une autre ; dans les figures secondaires, il ne faut pas se relâcher quant à la ligne, mais on peut élargir un peu la touche. En peinture, il n'y a point d'antiques, et Giotto a commencé. Nous n'avons donc rien à copier et cependant on nous renvoie toujours aux anciens pour un art si moderne. Au reste, l'imitation ne mène à rien. Il faudrait être semblable de corps et d'esprit aux artistes précédents pour continuer leur art. Je comprends à peine les pensées de la génération qui m'a précédé et j'entendrais celles de maîtres lointains par l'espace et le temps à la fois ? Tirons les formes de la nature et les âmes de notre âme. Les anciens ne firent pas autrement. Ils se sont exprimés : exprimons-nous. Profitons toutefois de l'expérience. Elle nous avertit que le grand art à Athènes fut de représenter Jupiter et Pallas ; donc, le grand art à Milan sera de peindre Jé-sus et la Madone. La religion comme source des arts, en tous lieux, fut incompa-rable et le grand peintre sera toujours peintre religieux. D'autant plus que l'autre côté de l'inspiration, la mythologie, fut aussi une religion que nous n'entendons plus et que nous interprétons mal. Les anciens, avec leurs vêtements amples et flottants, avaient de continuelles occasions de voir des corps nus en mouvement ; nous autres, nous déshabillons pour quelques heures un être du commun qui va vêtu à son ordinaire : cela ne suffit pas pour exceller aux nudités. L'homme se représente les formes avec d'autant plus d'intensité que son œil les perçoit moins ; les femmes de notre temps inspirent de fortes passions et elles sont vêtues. Leur nudité produirait-elle un désir aussi vif ? Même si vous cherchez la volupté, vous ne perdrez rien par le fait de la draperie : elle sera d'un ordre plus élevé. Une femme nue correspond plutôt à la luxure qu'à l'amour, et la paysanne n'éveille que l'instinct, tandis que les Béatrice agitent l'âme par un sourire. Croyez-vous que le plus corps de l'Italie eût laissé dans l'esprit du Dante le reflet fécond et immortel de celle qui lui apparut resplendissante, pleine de noblesse et de douceur et qui, avec une ineffable courtoisie, le salua par un certain mélange de dignité et de bonté, lequel produisit sur lui tant d'effet qu'il crut, en ce moment, avoir atteint le plus haut degré de la béatitude. Selon la Vita Nuova donnez à vos figures cette ineffable courtoisie, ce mélange de dignité et de bonté qui produira encore un grand effet. Peignez les femmes en Béatrice. Je vous ai dit que les dames vertueuses avaient un plus vif rayonnement que les impures ; également, le peintre débauché refuse à son œuvre tout ce qu'il jette à la volupté. N'ayez, ô peintres, que la peinture pour dame et amie et vos créations pour progéniture. Le même écu ne peut pas tomber à la fois dans la poche du tavernier et dans le chapeau du mendiant. Les passions dévorent la substance de l'homme plus que le travail et la dévorent tout entière.

De notre cœur, de notre esprit, des âmes et des esprits doivent naître, pour la vie idéale de la beauté. Votre œuvre n'aura que la sensibilité de votre cœur, que l'étendue de votre propre cerveau. L'artiste se reproduit dans ses ouvrages et comme un père donne une bonne ou une mauvaise constitution à son enfant, selon qu'il est sain ou malade, lui infligeant la conséquence de ses vices ou le faisant profiter du fruit de ses vertus. Ainsi l'artiste donne sa moralité ou sa perversité à ses créations. Il n'est donc pas indifférent qu'un artiste soit sage et de bonnes mœurs : vertueux et savant, il mettra ces caractères en ses inventions. Le sacrement est bon, même d'un prêtre indigne, mais non pas le tableau d'un méchant peintre.

Rien ne prouve mieux l'immortalité de notre âme que cette recherche de la perfection qui a inventé les arts pour se satisfaire. Notre étude si patiente de l'œuvre divine demande plus d'effort que de chanter matines. Le rosaire ne coule pas dans nos doigts, mais par eux la Vierge apparaît et, après elle, les saints : par nos soins, la Divinité se fait voir, et c'est un grand miracle !

Les prêtres nous reprochent de dessiner d'après l'œuvre du Seigneur, au jour du Seigneur! Ils nous blâment aussi de peindre des sujets profanes! O stupides! Que veut dire profane? Que veut dire sacré? La grandeur de Dieu, je la vois dans un coquillage, dans une fleur, dans une feuille! Un visage qui sourit, un jeune et beau corps qui s'agite ne manifestent donc pas la Providence? Jésus n'a-t-il pas parlé de la fleur des champs? Il s'est plu entre Marthe et Marie, il a parlé doucement à la Samaritaine et à Madeleine. Et nous ne pourrions peindre ces saintes femmes, en les faisant belles! Si Esther entre au cœur du roi Assuérus, ce n'est que par ses charmes! Eve ne pourrait-elle paraître à côté d'Adam, dans sa splendeur de première épouse? Lisons librement le divin livre des corps et des âmes, tel que son auteur l'a écrit pour sa gloire et pour notre joie.

Si on dit que la vue distrait l'entendement de la subtile connaissance mentale qui mène aux connaissances divines et qu'un philosophe se creva les yeux pour mieux penser, je répondrai que l'œil, seigneur des sens, fait son devoir, en s'opposant aux discours de ces menteurs obtus, criards et gesticulants et que le philosophe qui s'aveugla pour mieux raisonner était fou… et son acte suffit à montrer l'insanité de ses raisonnements. Du reste, le raisonnement n'est-il pas la source des pires insanités, des hérésies et des schismes? Si l'Église a été tant de fois et si inutilement troublée, les fauteurs sont des moines, des songeurs qui, du fond de leurs cellules, rêvèrent des doctrines de désordre; et toujours les mœurs seront gâtées par des moines et non par des artistes. Contemplateurs non d'hallucinations, mais de l'œuvre divine, nous ne pensons point à imposer au monde des nouveautés, mais à créer de belles fables pour la joie pure des esprits pacifiques. Non, l'art ne corrompt point les mœurs. Ce ne sont pas les femmes peintes qui perdent jeunes gens et vieillards, désolent les familles et poussent au vol et au meurtre. Elle serait bien pure la cité qui ne renfermerait des courtisanes qu'encadrées et où la débauche ne naîtrait que de la contemplation des œuvres… Oui, l'artiste est le meilleur des citoyens, car son génie devient le bienfaiteur de sa race et lui communique un prestige véritable. Il ennoblit les lieux où il travaille; et, enfin, comme un enchanteur, il transforme tout ce qu'il regarde. Mais voici que de la grande connaissance naît la grande humilité.

Tandis que tous admirent l'œuvre et la proclament divine, l'artiste insatisfait souffre; il a vu des défauts ou bien il aperçoit trop tard des beautés qui manquent. Quoi qu'il réalise, il conçoit toujours une perfection plus absolue. Il accepte les louanges en face de ses rivaux, car il est homme, il en jouit; mais en face de lui-même, il se blâme et s'irrite de son impuissance. C'est un grand drame que celui qui se passe dans l'esprit du peintre épris de son art et qui veut réaliser sa plus haute pensée.

Parmi les travaux que la légende attribue à Hercule, le plus prodigieux est celui où le héros va arracher à la mort Alceste, la femme de son ami Admète. Il ne s'agit plus de tuer des brigands ou d'abattre des monstres, il va lutter contre la mort même. Ainsi fait l'artiste pour toute beauté qu'il voit; il l'arrache au néant, il la sauve de la mort et la rend pour des siècles à la contemplation des hommes. O dormeur, qu'est-ce que le sommeil? Il ressemble à la mort! Pourquoi ne fais-tu pas une œuvre qui, après ton trépas, continue ta pensée. Voilà l'exhortation que j'adresse à ceux qui sont capables de l'entendre. Dieu, par amour de son ouvrage et pitié de notre détresse, nous a permis de créer des images qui nous survivent. Le guerrier n'est connu que grâce à l'historien. Le peintre se défend lui-même contre l'oubli et il rend à ceux qui l'ont protégé le même office devant la postérité; car sa mémoire, au lieu de s'effacer, augmente d'éclat avec le cours des âges: lui qui a représenté les saints devient un saint lui-même, et les fidèles de l'art l'honorent en l'étudiant.

Il n'est pas de plus noble destinée que celle-là, ni de gloire aussi pure, car elle ne coûte ni larmes, ni sang comme celle des conquérants; elle ne produit que de la joie et de la plus noble; et tant qu'il y aura des hommes civilisés, un grand peintre aura des amis partout où se verra une de ses œuvres; et le ciel lui-même dont il a été l'interprète l'accueillera.

Et maintenant, honorons le Seigneur d'abord pour l'amour que rationnellement nous devons lui porter et ensuite parce qu'il sait abréger et prolonger notre vie, ce bienfait qu'il faut estimer, même aux heures douloureuses.

Table des matières